# 피가 도는 나무

지성 · 감성의 메타언어

조선문학시인선 · 262

# 피가 도는 나무

임 영 옥 시집

조선문학사

## 책머리에

가끔은
어떤 아픔을 감수하고라도 좀 더 가까이
오래오래 두고 싶은 인연이 있습니다
못다 이룬 사랑은 그저 그리움만 남겨 놓습니다
쓸쓸하기도 서럽기도 외롭기도 합니다
인생은 그리움인가 봅니다

이젠
먼 발치에나 있을
내게 전설 같은 사람과 사랑을 그렸다면
아름다운 추억이라 하겠지만……

늘 어깨를 짓누르며 물러서지 않는
속앓이와의 대립에 지쳐가는 현실은

여전히
힘에 겹습니다

2009년 仲秋
임 영 옥

임 영 옥 시집

# 피가 도는 나무

차례



## 제1부
### 가슴으로 피는 꽃잎

## 제2부

### 삶의 애화

## 시집평설

제1부

# 가슴으로 피는 꽃잎

## 과녁

그대 가슴은 사랑의 과녁
독묻은 화살 겨누고 있어요
당기면 명중

아파해도 피흘려도 몰라요
그리움 팽팽히 꼬아
활줄 삼은 일밖엔 죄가 없어요

헌데 어쩌죠
당신의 과녁이 되고 싶어요

당신의 화살에 꽂혀
흘린 피로 사랑 꽃피울 수 있다면
과녁으로 서 있고 싶어요

당겨주세요 아파도 울지 않을게요
피 흘려야 낫는 가슴앓이
당신에게 옮은 사랑앓이니까요

# 호수

그대 가슴은 고요한 호수
백조 한 마리 살고 있지요

바람 이는 날엔 이파리로 떠돌고
잠잠한 날엔 노래 부르지요

갈대밭 서걱이는 소리에도
그대인가 그대인가고 떨리는 가슴

돌이라도 던지는 날엔
흔들리는 물결로 출렁이지요

그대 가슴은 고요한 호수
당신의 호수에 사는
나는 당신의 백조이고 싶어요

원앙의 꿈을 꾸고 사는
한 마리 사랑의 백조이고 싶어요

## 되고 싶어요

갈래요
가서 그리운 님이 되고 싶어요

아픔으로 남기 보다
가서 사랑이 되고 싶어요

당신도
언제든 오세요
그리움으로 다리놓아 드릴께요

내일도 나는
당신을 맞는
기다림이 될래요

# 정으로 묶은 밧줄

가세요
돌아보지 말고 그냥 가세요
떠나는 사람이 무슨 미련있기에
돌아 보시나요

그냥 가세요
보내고 그리는 정 나도 끊을래요
눈물이 나면 눈물 적셔 당신 얼굴 지울래요

헌데 어쩌죠
발길이 떨어지질 않아요
한사코 당신은 멀어져만 가는데
왜 발길 돌리지 못할까요

끊고 가세요
정으로 꽁꽁 묶은 밧줄 당신도 끊고 가세요

선채로 굳어 돌이 되어 버리면
돌아와 깨워 주실건가요
제발 끊고 가세요

# 사랑은요

사랑은요
갖고 싶어도 가질 수가 없죠
보내고 싶어도 보내지지 않죠

사랑은요
고독한 돛단배지요
내가 선장되어 쉬지않고 항해해야 돼요

사랑은요
어떤 날엔 잔잔한 왈츠로 출렁이다
어떤 날엔 파도를 일으키어 울죠

사랑은요
사랑이라 말하지 않아도 느낄 수 있죠
행복한 미소가 보이잖아요

# 이별은요

이별은요
우수에 젖은 어떤 슬픔 하나
잊으려 애쓰면 더욱 아파오죠

이별은요
또 다른 기다림이죠
꽃잎 한장 띄워 그리운 님 닿을 수 있을까

이별은요
고독한밤 쏟아지는 지독한 슬픔이죠
가슴을 숯덩이로 만들어 버려요

이별은요 이별은요
이별이라 말하지 않아도 느낄 수 있죠
두 눈에 눈물이 고이잖아요

## 목련화 그늘에서

꽃그늘 하얀 그림자 드리운
목련화 그늘에 앉아
그리움 꽃잎으로 펼쳐본다

펼친 그리움 가슴에 적시면
희디흰 꽃잎에도 피가 돈다
피가 돌아 사랑으로 물든다

하얀 꽃잎 발자국 찍으며 돌아가는
목련화 그늘 아래서
그대 이름 빨갛게 불러본다

꽃그늘 하얀 그림자 드리운
목련화 그늘에서

## 고독

여덟 폭 단풍으로
울타리 친
가을

가슴에 췻병으로 걸려 있던
아픔 하나
사랑 진정제 삼아
녹여 넘기면

고독을 풀어
봇물로 가둔
그리움은 호수

당신의 웃음 뒤에 숨어
웃음으로 삼켜야 하는
아픔

당신만이
처방전을 가지고 있는 것을

## 가을

가려진 가을 뒤엔
쓸쓸한 울음이
단풍을 붉게 물들이고

겹겹이 쌓인 사연
혈관속으로 스며들어
또 하나의 아픔

고독이 감금시켜
마음은 서글픔으로
묶여 버리고

묶인 채
어느새 찬바람이
시려온다

## 가슴으로 피는 꽃잎

꽃잎 비로 내리는 꽃비에 젖으면
젖을수록 말갛게 트이는 하늘
가슴엔 꽃물이 들지요

꽃들은 가슴으로 맞대고
가슴과 가슴으로 꽃잎 피우죠

꽃피는 날이면
꽃길 나란히 걸었죠
발자국 마다 꽃잎으로 찍히는
그대와 나의 동행

사랑은 그렇게 걷다가 그렇게 갔지요
꽃비 내리는 날에

## 사랑이죠

말없이 찾아와
잡히지도 않아
언제나 날개짓 하는 건
사랑이죠
항상 저 만치에 있어
잡으려고 다가서면
물러서는 게
사랑이죠

사랑이란 내게
아픔만 주는
다스려 지지 않는
절대 군주죠
확실히 오지도 않는
떠나지도 않는
애만 태우는 게
사랑이죠

그러나 시작은 알 수 없지만
어느새 다가와 있는 건 바로
사랑이죠

# 나보다 더

그대의 식어버린 영혼이 그리워 눈물나고
그대를 잃어버린 가슴이 눈꽃되어 시려와도
내가 아닌 그대를 더욱 사랑합니다

우리가 같이 보낸 시간들 생각나 눈물나고
우리가 함께했던 기억들 빛바래 시려와도
내가 아닌 그대를 더욱 사랑합니다

따스한 봄날에 그댈 만나 웃음으로 가득한 추억들
그대 보이지 않는 곳에 있어도
나는 당신을 늘낄 수 있어요
그대 보이지 않는 곳에 있어도
나는 당신의 행복을 빌어줍니다

## 슬픔보다 슬픈 것

혼자 걸었어요
그리움 앞세우고

외로움이 따라 왔지만
싫었어요

함께 가자 보채는
강물 발길질 하며
혼자 걸었어요

그리움의 무게가
힘겨워요
어쩌자고 당신의 가슴까지
업히나요

손짓하며 부르는 갈대 등에 하고
돌아섰어요

소리없는 울음은
슬픔보다 슬픈것을

## 당신의 꽃

하얀 저 꽃잎
당신의 가슴에 꽂아 드리면
피가 돌까요

피가 돌아 빨갛게 물들 수 있을까요
내 가슴에도 꽂아 주세요

피가 도는 가슴의 사랑이 되어
당신밖에 모르는
당신의 꽃으로 피어 있고 싶어요

하얀 저 꽃잎
당신과 나 마주서면
감춘 속살에도 꽃잎이 돋아요

돋아나 꽃으로는 물들일 수 없는
사랑의 꽃물이 들어요

꽃물이 들어 당신밖에 모르는
당신의 꽃으로 피어 있고 싶어요

# 지난날

그날 이후
셀 수 없는 시간은 소리없이 흘러가고
서로를 모른 채
사랑의 느낌은 눈으로 들어옵니다

조용히
그리고 가만히 불러내는 당신
나는 그런 당신과
노을을 바라보는 생각을 합니다

날마다 조금씩 진해가는 당신의 내음은
나의 빈 하늘에 반달로 떠도
차오르게 합니다

우리의 상큼한 전율은
낡은 그리움에서
오늘 문득 만들어지는 그리움까지

모두가 사랑입니다

미소짓는 당신의 뒷 모습에
쓸쓸한 외로움을 보았기에
나는 당신의 전부를 사랑하렵니다

이제
바다의 눈부신 파도를
당신에게 보냅니다

# 그대 그리움은

바라만 보고도
왜 가슴이 떨릴까

풀무질로 뜨거워진
가슴은 불가마

어째서
당신만 마주하면 떨리는 걸까

사랑은
불과 얼음의 마술사

사랑의 마법에 걸리면
누구나
뜨거운 가슴으로 떨기 마련

당신의 냉가슴에도 불을 지피는
나는 풀무이고 싶다

## 꽃비

한나절을 젖어도
젖지 않는 비

적시지 못한 비가
어찌하여
가슴을 적시는 것일까

비아닌 비에 젖는
날엔
가슴에도 발그레
꽃물이 든다

## 해바라기 · 1

처음 만나
처음 느낀
예감 하나가
가슴에 동거했다

동거 하면서
그리움이 되기도 하고
사랑과
기쁨이 되기도 했다

지금은
기다림이 되어버린
당신

긴 목 해바라기가 되어버린
나

# 해바라기 · 2

석양이 서글퍼서
앙상한 가지가 마음을 흔들어서
울었다

가슴이 터져
피흘리는 사랑의 상처를
치유함이 버거워
울었다

낯선 이처럼 지나가는 빗속을 거닐며
당신을 지켜보는 아픔, 외로움이 되어
또 울었다

# 소나기

먹구름 몰려와
포장을 치듯 맘을 가렸네

한줄기 빗줄기
열기 도는 볼에 스치고

천둥 번개 내리치는 사이
사랑은 빠져나갔네

눈 들면
개인 하늘

떠나간 님처럼
무지개 사라지듯
흔적도 없구나

# 어떤 이유

그대 때문이죠
눈부신 태양아래 나홀로 쓸쓸히 걷는 건

그 눈빛 견딜 수 없어
사랑은 이대로 굳어 버렸네

그대 때문이죠
가슴을 태워도 태워도 남는 그리움

이별의 연습도 없이
등돌려 슬픔을 적셔 버렸죠

그대 때문이죠
아무 이유없이 눈물이 많은 건

미워도 보고 싶은 건
죽도록 사랑했기 때문이죠

# 영원한 동행 당신

내 설자리가 어딘지 몰라
바람에 날아간 길 잃은 낙엽처럼
멍하니 사방을 서성거립니다

내 마음을 휘감아 돌려주는 당신에게
텅 빈 가슴 한쪽은
외로운 새 하얀 그리움이 됩니다

나를 아프게 한 당신을
미워하는 동안
때도 없이 여린 바람에 눈물 지으며
내 마음의 잿빛 하늘엔
평화의 구름 한 점 뜨지 않아
희미해진 당신얼굴 다시 그려 봅니다

어느새 조용히 아주 조용히
가을은 저만치 가고 있습니다

비워진 가슴은 차곡차곡
포근한 사랑으로 채워 집니다

어느 날 불현듯
지쳐 쓰러질 것만 같은 시간에
언제고 부르면
달려올 수 있는 자리에
오랜 약속으로 머뭅니다

당신의 향기를 담아
영혼까지 주신 사랑의 꽃
내 생의 영원한 동행은 당신입니다

# 숲 속에서

맑은 날 아침이면
풀잎은 이슬 옷 입고

아름다운 새 소리는
나를 반긴다

바람 불고 낙엽 날리면
숲은 말 없이 춤을 추는 무도회가 되고

나는 무희가 되었다가
깨어나는 꿈을 꾼다

# 삶

창을 타고 내려오는 외로움으로
새벽은 오고

아침을 날아야 할 날개는
접혀진 체 깃털을 세우지 못한다

간 밤 꿈꾼 비상은
허무의 식단을
아침으로 차리고

팍팍한 미각을 깨물며
날아야 할
하루치의 거리를 재본다

## 인생길

아주 오랜 시간
아무 소리도 들리지 않았습니다
아름다운 그 무엇도 보이지 않았습니다

진정 부르고자 했던 노래를
여직까지 부르지 못함은
당신의 자리를 마련하는데
오랜 시간이 흘렀기 때문입니다

그 언제인가
세상사 살아가는 소리가 정겨웠습니다
아침을 시작하는 소리, 저마다 담소하는 소리, 사람들 간의 시비 거는 소리
모든 게 설레임이었습니다

들리지 않는 소리를 들을 수 있고
보이지 않는 아름다움을 볼 수 있었으니

우리의 사랑입니다

그러나
쓸쓸함과
외로움과
서러움이 사랑이 되는 이치를 배웁니다

인생은
미처 다 배우지 못한 미완성인가 봅니다

# 겨울나무 · 1

설화가 좋았어
가지 휘도록 핀 꽃잎 없는 꽃
설화가 좋았어

피가 돌지 않으면 어때
핏빛 꽃잎 아니면 어때

내 가슴에도 눈이 내리고
내려 겨울 앞에선
나도 한 그루 설목인 것을

피가 돌지않는 꽃잎으로
피워보고 싶었어
그 중 차가운 꽃잎의
겨울나무로 꽃피는
한그루 설목이고 싶었어

# 겨울나무 · 2

앙상한 모습으로
살아남은
구겨진 형상은
말을 잊은 듯 고개를 떨구고

찬란했던 부귀의 영화는
잠깐사이
화려한 빛깔의 향연도
순간이었던 것을

목숨 걸었던 욕망들이
허무와 쓸쓸함임을

# 밤은 · 1

별을 올려다 보면
밤은
늘 외로웠다

먼 곳
별자리가 아스라함 때문일까
아스라함으로도
가 닿을 수 없기 때문일까

별을 올려다 보는
밤은
늘 외로웠다

## 밤은 · 2

언제나 슬프기만 한 가슴

밤마다 떨어지는 별똥으로

가슴에 와 박히는

유성은

바로 당신

# 제2부

# 삶의 애화

# 삶의 애화

스쳐 지나가는 바람
힘겹게 매달린 마지막 잎새

잠깐이면 소멸될
삶의 조각보인 것을

우리는 무엇을 풀어놓고
또 무엇을 싸가지고 가는 걸까

삶의 조각보 둘러메고
돌아가는 우리 또한
나그네 인 것을

# 그곳엔

밤마다 나의 꿈속으로
그대는 찾아옵니다

애써 꿈 깨
머리 저어 흔들어
깬 꿈 털어내면

꿈 아닌
깨어 있는 시간에도
그대가 와 있습니다

## 달구지

그사람은 빠르지 않아도
그사람은 말하지 않아도
느낄 수 있어요

풋풋하고 의리 있는
나만의 남자라는 걸

한걸음 두걸음 앞만보고 달리는
당신은 내 사랑의 달구지

둘이 가는 길이 멀고 험해도
나만을 사랑해줄 믿음직한 사랑

당신이 지쳐있을 때
나는 당신의 푸른 초원되어
쉼터가 되어 주리니

당신은 언제나 믿음직한 사랑
내 사랑 싣고 달리는 달구지

# 사계절

사랑은 사계절이야

화사한 봄길에서 꽃피듯 다가오더니
뜨거운 정열로 여름 열기를 내뿜고

추억의 가을을 남기더니
매서운 겨울처럼 차갑게 떠나갔으니

봄 여름 가을 겨울 사계절을 함께한 사랑
다시 한번 눈 녹듯 만나고 싶어

그날 밤 그 추억들이 필름처럼 돌아가는
사랑은

내일이면 그날의 봄이오고
사랑은 우릴 향해 열려 있는

사랑은 사계절이야

# 가을 사랑

그댈 보내고
아무 일도 없던 것처럼 난 웃고 지내죠

사랑의 상처는 다른 사랑으로 지울 수 있으니까요
그런데 왜 이럴까요
눈부신 태양은 가슴에 비를 뿌리고
심장은 잠시 멈출 것 같아요

아무렇지 않은데 왜 힘든 걸까요
아무렇지 않은데 왜 많이 아플까요
보내지 말았어야 했나요

그대 없인 아무것도 할 수 없다고
이젠 말하려 해도 그댄 없네요

무심한 사랑이지만 이제는
돌아와서 나를 지켜줘요
가을 사랑

## 아파요

아시나요 보내고 그리는 정
아픔이라는 걸

어쩌면 좋아요
그리우면 그리울 수록
아픔이 되는 가슴엣병

사랑말고 달리 약이 있나요
당신이 처방전을 가지셨는데요
가슴으로 보내면 아파요

그래요 사랑하면 그래요
멀리 있을 수록
가까이 있는 당신
그럴수록 더 멀어요

먼 곳에 가 닿을 수 있는 것

그리움 말고 또 있나요

진작에 꽁꽁 묶은 동앗줄
풀어주지 말 것을
보내고 그리는 가슴엣병
아파요

## 타는 노을

노을이 타네요
그대와 어깨 나란히 하고 마주보던
그 날의 노을이 타네요

강물은 은물결 금물결로
몸섞어 하나로 흐르는데
홀로 찾아온 긴 그림자 쓸쓸하네요

그대 어느 하늘 아래서
저 노을 태우고 있나요

가슴으로 불질렀던 뜨거운 그대 입술
노을을 태우고 있나요

노을이 타네요
따라 울던 물새 한 마리
어디론가 날아가고 없는데

나는 돌아서지 못해요

저 노을 다 태우고 어둠이 올 때까지
그대 모습 지울 때가지 기다릴래요

가슴의 빈 자리 차지하고 있는
그대를

## 짜릿한 추억

함께 걷던 거리마다 꿈꾸던 사랑의 길
함께 보낸 시간마다 숨겨둔 마음 하나

웃음과 행복을 건진
빠알간 추억이 미소로 반기네

멈추지 않는 시간 앞에
손가락 걸며 약속하던 사랑의 확인

가장 예쁜 미소로 웃어주던 당신을
아프게 한 미안함

이세상 전부 변해도
우리의 모습 변해도
하늘이 주신 영원한 내사랑

사랑해
그리고 미안해

# 야누스

사랑은
여름과 겨울의 동지
그대의 가슴에 두 계절뿐인가요

사랑의 마법에 걸리면
누구나 가슴이 뜨거워져 어쩔 줄 모르죠
마술사 주문에 걸린 것 같아요

때로는 열정의 여름이다가
때로는 이별의 겨울이 되는

사랑은
변덕스러워
여름과 겨울을 동시에 넘나드는
바람과 같은
야누스

# 야생화

바람이 흔들고 간 들길에서
바람에 실려온 당신 소리에
설레는 마음으로 피어난 나는 야생화

철새는 하나 둘 떠나가고
그날의 만남을 잊기에는
가슴이 너무나도 아픈 나는 야생화

한때는 당신의 꽃이었어요
사랑도 이별도 아프기만 하네요

들에 핀 들꽃 한송이
웃다가 울다가 지쳐 시들지만
당신이 찾지 않아도
찬이슬 머금고 다시 태어나는

눈물없이 피고지는
나는 야생화

## 연인들의 밤

명동에서 종로에서
마주 손잡고 걷는
서울의 밤은 연인들의 밤

네온 불빛에 그림자 던지고
손으로 건네는 따뜻한 체온과
따뜻한 미소
사랑은 그렇게 가슴으로 다가가
마음으로 포겠지

걷다가 지치면 쉬어가는
목로주점 포장마차
한잔술에 노독 풀어 타마시면
달디단 단물로 익는 사랑

밀어들은 메아리 없는 젊음의 연가
눈빛만 마주쳐도 행복해
입술 없어도 행복해
서울의 밤은 연인들의 밤

## 미워요

가슴이 두근거려요
얼굴이 붉어지네요
왜 부끄러워 하는지
난 아직 몰라요

잔잔한 내 가슴에
파도가 일고
고요한 내 심장이
왜 콩닥거리는지
난 아직 몰라요

무엇인지 모르지만
사랑이 그런 건가요
몰래 숨기고 픈 마음
당신은 이미 다 알고 있어요

부끄러워요
미워요
난 정말 몰라요

## 고향

향수에 젖어
고향의 냄새가 코를 들썩거린다

보지 않아도 그려지는
고향의 한점 그림
소리 없이도 감겨오는
정익은 아낙네 소리

세월에 밀려 살면서도
그리운 건 그 시절

바래지지도
변색되지도
지워지지도 않는
그리운 그곳

# 흔한 이별

당신 생각에 잠못 이루는
깜깜한 이밤
오늘따라 어두워 적막이 깊어만 가고
사랑의 기억들은
창가 가득 쏟아져 내려
까맣게 그려지는 나의 흐느낌

나의 미소를
나의 체온을
진정 지울 수 있나
우리의 추억을
우리의 사랑을
정녕 잊을 수 있나
당신

사랑은 이별인가봐
이별은 사랑인가봐

## Fall in love

되는 일 없다고 실망하지 말아요
결과가 안좋다 낙담도 말아요

사랑에 빠진다를 영어로 표현하면
fall in love 사랑에 떨어진다 잖아요
사랑도 떨어져봐야
진정한 사랑을 알 수 있다는
그런 뜻이죠

인생 무엇 있나요
어려울 때 있으면 쉬울 때도 있는 법
음지가 있으면 양지가 있는 법

화무십일홍이고 달도 차야 기운다는데
뭐든지 때가 있는 법

# 바보였나요

가만히 들어봐요
사랑을 담아 마음을 담아
속삭였던 우리 얘기를

그 모습 어제 같은데
허무하게 무너져 버린
당신과 사랑의 약속

내 눈물 바라봐요
이별이 아파서 지쳐가고 있어요
난 모든 걸 걸어서 당신을 사랑했어요
오직 하나만 바라보고 있었던 거죠

당신이 미워서 또다른 사랑으로
당신을 지우려 하면
당신 하나만이 내 안에 머물고 있어요

난 모든 걸 걸어서 당신만을 사랑했어요

난 바보였나봐요

난 순진한 바보였나봐요

# 그리움의 소리

오늘밤엔
이슬비가 내리고 있어
내 마음도 젖고 있지요
그리움의 빗방울 인걸요
떨어지는 빗방울 하나 하나가
밤새도록 뿌려준다면
나의 소리를 들을 수 있을까요
나의 사랑을 전할 수 있을까요
깊은밤 유리창 너머엔
쓸쓸히 미소짓는 고요함
오늘밤엔
바람소리 울음소리 그리고 나

내일이면
내 손을 잡아 주세요
또 내일이 가기 전에
나의 가슴은 비와 눈물

당신은 그것으로 장난을 치고있어요
울음소리 안들리나요
나의 소리를 들을 수 있을까요
나의 사랑을 전할 수 있을까요
오늘 밤엔
바람소리 울음소리 그리고 나

## 바다의 연가

파도가 그리운 계절이 되면
가슴이 먼저 바다가 돼죠
바다가 되어 출렁이는
그리움의 파도가 치지요

그대 노 저어 오셔요
사랑의 바다 내어 드릴게요

백사장엔 수많은 추억들
당신과 내가 찍고 간 간지러운
하얀 모래가 깔려 있어요

한 쌍의 갈매기처럼 해풍에 몸을 싣고
뱃길 어두워지면 등대가 되어 불 밝혀 드릴게요

오셔요 그리운 그대여
당신과 함께 할 우리의 바다니까요

# 이름

잊으려 하면 할수록
잊혀지지 않는것
지우려 하면 할수록
더욱 또렷해 지는것

그리운 이름과
그리운 얼굴이
망각으로 지우려 해도
슬픔으로 인화 되는것

당신 생각에 나를 잊은 날
가버린 날 아픔 하나로
사랑이라는 이름의
당신

## 행복

오랜만에 거닐어본 겨울바다
비릿한 바닷내음 코끝에 닿고
펄떡이는 활어들 식탁 위에
한가득 제모습들 뽐내고 있는데
행복이란 별것 있나 마음이 행복이지

바닷가 커피파는 할머니
지난 세월 이 바다를 지키셨네
오랫동안 사람들 겪다보니
관상보는 솜씨도 일품일세
나에게 다가와 툭 던지는 한마디
높은 곳에 팔짱끼고 서 있으니
높은 사람 틀림없다 말하시네

사람냄새 가득 담긴 커피한잔
단돈 몇푼 드리고도 내것 되니
이것 또한 참다운 행복일세

마음의 여유란 게 별것 있나
한번쯤은 멀리 멀리 집을 떠나
누구와도 맘을 열어 말 건네며
세상살이 하소연도 하는 거지

행복이란 마음속에 담겨있어
열 수 있는 유일한 열쇠 하나
행복의 주인은 바로 나야
바로 내가 행복의 주인이지

# 허수아비

그대
심장 없이도
그리움을 아는가

내 쫓아야 할
오지 않는 새떼를 기다리는
그리움을 아는가

바람 벗하고
구름 벗하다 보면

심장없는 가슴에도
피가 도는가

그리움으로 자장하는
피가 도는가

## 가을 여인

별을 올려다 보면
밤은 늘 외로웠어요
바람 때문일까 달빛 때문일까

사라져간 한마리 새를 잡지 못하고
숨어버린 향기에 꽃도 찾지 못하고

미풍에 나부끼는 갈대가 되어
바람과 구름과 이야기 하는
나는 가을여인

별을 올려다 보는
밤은 늘 외로웠어요

## 겨울 바다

흔적도 없이 사라진
그 해의 겨울 바다

기억 한 장 파도로 밀어 지우며
소리쳐 떠나고 있다

갈매기도 몸을 피하고
바위조차 바다 속으로 고개 돌리는

그 겨울의 기억을 아파하며
아무도 기다려 주지 않는
내 속의 시간속을 걷고 있다

바다엔 낯선 얼굴 하나 떠오르고

# 지친 날개

사랑한다는 이유로

새의 날개를 꺾어

너의 곁에 두려하지 말고

가슴에 작은 보금자리를 만들어

종일 지친 날개를 쉬게 하여

다시 날아갈 수 있는

힘을 길러주면

평생 사랑하는 백조를 벗하리

## 추락

그대가 나를 버린 건지
내가 그대를 잊은 건지 모를
마비된 감각은
이별의 이유를 따질 겨를도 없다

벌써
득과 실의 눈금을 재며
힘겨움에
한몫을 저울질 하고 있다

까닭 없이 휘청이는 멀쩡한 육신
들쑤셔대어 가로막는 이별의 잔상들
내
걸음에 와 부딪친다

## 중독

그대 없이도
웃고
우는 날이 많더라

때때로 그리워 하며
늘 곁에 두어야 된다는
뇌의 단세포에 짓눌려 집착하던 일상

자기 얼굴보다 더
익숙해져 버린 서로의 목소리는
지워도
지워도 재생되어 귓가에 테이프로 감기고

편안한 마음으로 체념 하려 해도
마침표 없는 애태움으로만
발자국을 찍고

# 당신의 선택

사랑도
이별도
당신이 선택 하세요
당신의 요술 입술이 걸어오는
뜻 모를 수작은
깊이 알지도 못하고
애달프게만 지나가지요

당신의 마음을 열어 볼 수는 없는 건가요
나만이 소유할 순 없는 건가요

당신은
들꽃처럼 모든 이의 눈길 앞에 드러내 있기에
당신에게 건네는 선택
사랑도
이별도
당신이 선택하세요

## 약속합니다

허락한 사랑 마주하고
걷는 꽃길
행복합니다

나와 하나된 사랑
산길을 걷는 듯
막힌 가슴 트여옵니다

꽃길을 걸을 때에도
산길을 오를 때에도
늘 당신과 함께 할 것을
약속합니다

나는 당신의 꽃이고
당신은 나의 산이시니까요

# 지금은

그때 그 자리에
바람 불고 있을까
타는 노을 강안 물들이고 있을까

겹겹이 접은 가슴의 사연
한 장씩 띄워 보내며
기다리다 돌아섰던 그때 그 자리

갈대의 속삭임에도 귀가 열리고
지나가던 바람 옷자락 스쳐도
그대인가 싶어 고개 돌리던
지금은 세월의 풀들이 수북히 자랐을

그때 그 자리에
바람 불고 있을까
타는 노을 강안 물들이고 있을까

# 촛불

길 아닌 길 천리를 돌아와
노독으로 밝힌 촛불
타는 것은 그리움인데
어쩌자고 가슴에서 불길 일까

태워도 태워도 남아 있는
사랑이라는 이름의 아픔

어둠의 껍질을 벗고
별빛으로 외로움 풀어 보내면
그대 곁에 그리움으로 가 닿을까
닿아 그대 가슴에 별이 될까

고달픈 노독으로 가슴에 달 하나
띄어 올리면
젖은 사랑의 창에 불빛이 걸린다

## 다음 세상에서는

아픔과 마주 하지 않기를
다음 세상에서는

눈물로 가슴 적시지 않기를
다음 세상에서는

잠못 이루며 불면으로 지세우지 않기를
다음 세상에서는

다음 세상에서는
그대 가슴에

내 가슴에
그대와 나 두 별이길

# 사랑이란

비록 잊기 어려운 일이 생겨도
용서해 주는 것입니다

비밀을 함께 나누며
함께 속삭이며
거짓이 없는 사랑이어야 합니다

진정한 사랑은
결코 떨어지지 않는 것이며
외롭게 하지 않는것입니다

## 자존심

여름날밤
칼바람을 맞는다

마지막으로 떠나오며
찢어지는 아픔으로 그대 등뒤에
준비도 없는 이별을 던져 놓고 돌아섰다

# 이유

생각이 안난다

손 내밀어 주지 않는 그대보다
등 떠미는 바람이 더 미웠다

늦은 팔월
따스한 사랑보다 먼저
매서운 이별이 다가왔다

# 종이배

어느 날
종이배를 건네는 당신

인생의 바다에
커다란 그물을 던져놓고
함께 노를 젓자던
당신의 고백

이제
우리 함께 배를 타고
그물을 끌어 올리면
줄줄이 인양될
행복과 기쁨들을
함께 나룰 종이배

어쩌다
고난과 역경도
함께 헤쳐 나갈
종이배

## 침묵

이별을 고해야 하는 사랑 앞에
재회를 바라는 바보스러움

미처 준비되지 않은 고별사 대신
입봉하는 침묵

그대 침묵으로 말하는
법을 배워야겠다

침묵으로 다스리고
침묵으로 말하는
그런 사랑의 어법을 배워야겠다

# 애벌레

길면 한철
짧으면 몇날을 날기 위해
수없이 기어오르다
미끄러져졌다 다시 기어오르는
애벌레

어찌
벌레뿐이겠는가
인생도 미끄러지기를 되풀이하는
애벌레 신세 못면한
추락의 연습중인 것을

## 눈물꽃

한 겹 한 겹
펼쳐내면
한송이 꽃이 되는
그리움

그런 그리움으로 가슴하고
한송이 꽃이 되어본 적
있는가

기억의 갈피에 꽂아
한 장 한장 펼치면
하얗게 피어나 얼룩으로 적시는
눈물꽃

# 더하기

나의 생활 속에 너를 더하고 싶어
우리 미래가 보여

나의 마음속에 너를 더하고 싶어
자꾸 갖고 싶어져

눈을 떠도 예전엔 보이지 않았어
어디인지 그때는 찾지도 못했어

이젠 알았어
내맘은 너 뿐이라는 걸

날 웃게 해줄 너
날 울게 해줄 너

더해도 더해도 넘치지 않는

내 인생의 보물 1호야

내가 선택한 내 인생의 더하기 너

# 사랑 바이러스

사랑은 말없이 찾아와
한동안 머물다가 떠나가는 나그네

사랑은 조용히 다가와
한동안 가슴 풀무질 하다 사라지는 봄바람

사랑은 멈추지 않는
가슴앓이 돌림병
계절도 없이 앓는 신열의 바이러스

백약이 무효인 가슴앓이
처방전 없이도
따뜻한 체온으로 감싸주면
낫는
사랑 바이러스

## 혼자 있을 수 없어요

혼자 있을 수 없어요
당신 없는 외로움
아픔이지요

아픔으로 아픔을 치유하는
가슴엣병
혼자 앓는 그리움은 싫어요

오세요
둘이 있고 싶어요
당신의 가슴으로
아픈 가슴 채우고 싶어요

채워 넘치는 봇물
그리움일지라도
당신과 함께 있고 싶어요

# 어느 날

항상 걸어논 가슴의
빗장
어느 날 스르르 열렸어

당신의 내방을
나는 막지 못했어

왜냐고 묻는다면
웃어 줄거야

웃음보다 더 좋은 말
웃음보다 더 진실한 말

있으면 말해 봐

당신의 웃음으로
난 사랑의 언어를 배워

# 외면

외면해 본적 있었어?
그보다
외면당해 본적 있었어?

버리고 버림받는 일
외면이 저지른 죄야

죄짓고 벌받는 일
사랑도 그래
사랑은 죄가 아니면서
벌을 받는 죄야

외면하지 말고
죄인으로 사는 삶을 배워

## 꽃비

우산없이 걸을 수 있는
빗길
꽃비 오는 날

동행 없는 어깨
외로움으로 무겁지만
어느새 다가와 함께 걷는
그리움

그런 그리움
동행해 본적 있는가
없으면 걸어봐

꽃비 내리는
젖지 않는 가슴
온통 그리움으로
젖을 터이니

# 억지

억지 부리지마
순리대로 사는 거야

뜻대로 되지 않는게
세상살이

억지 부린다고 안될 일
되나

순리 좇으면
순리도 풀리는게 삶의
법도

사는 것이 다 그래
억지 부리지마

# 숯뎅이

까맣게 타버렸어
당신의 풀무질은 너무 뜨거웠어
타지 않았다면
터져 버렸어

정이 석유보다 더 잘 탄다는 걸
이제 알았어
정으로 지른 불꽃
눈물로는 끌 수 없다는 것도

이제 알았어

숯검뎅이 된 가슴
언제고 불붙이면 다시 탄다는 걸
알고 있어

사랑으로 불 지른 가슴은
늘 그래

# 사랑이라는 말

이 세상에서
가장 따뜻한 말
가슴에 와 닿는 말
영혼까지 파고들어 울림이 되는 말
사랑 말고
또 있나요

이 세상에서
가장 위대한 말
세계를 하나로 합치는 말
하나로 합쳐 한 식구가 되게 하는 말
사랑 말고
또 있나요

헌데도
당신과 나는 아직도
혀끝에 맴돌아 발음도 서투른

사랑이라는

말

# 어머니

세상에서
가장 귀하고 소중하고
사랑하는 한마디 말
어머니

원망 미움이 사랑이란 걸
사랑으로 사랑을 배운다는 걸
일깨워주신
어머니

감사도
죄송도 다 사랑으로 접어주시는
당신

당신 앞에 나는
영원한 어린이
어린이의 행복을 이제사 배웁니다

# 잃어버린 추억

푸르던 잎새도 철새처럼
떠나 버리고

가지에서 그네 타며
피서를 즐기던 바람도
떠나 버린

홀로
떨고 있는 겨울나무

빙하의 추위에 떨며
동맥 경화증으로 굳어버린 체온은

언제쯤 풀려
잃어버린 추억
봄을 발음해 볼까

▌시집 평설

# 사랑의 모순과 합일지향의 시 미학

박 진 환

(문학평론가 · 文學博士)

■ 시집 평설

# 사랑의 모순과 합일지향의 시 미학

박 진 환

(문학평론가 · 文學博士)

## 1. 전제

일찍이 헤겔은 사랑은 모순을 낳는 동시에 그것을 풀어나가는 것으로 풀이한 바 있다. 모순이란 서로 대립하여 양립하지 못함을 의미한다. 옛분들이 말한 모가 진 자루와 둥근 구멍은 서로 맞지 아니한다는 뜻으로 쓰인 방예원조(方枘圓鑿)도 같은 맥락성을 지닌다고 할 수 있다.

어찌 사랑뿐이겠는가. 따지고 보면 인간자신이 모순의 주인이고, 이 모순을 해결하는 길은 오직 사랑뿐이라고 말한 것은 파스칼과 톨스토이다. 달리 풀이하면 사랑은 모순이면서 동시에 모순을 해결하는 동전의 양면성과 같은 속성을 지닌 것이 사랑이란 뜻이 된다.

사랑의 양면성은 누구나 한번쯤 체험한 바 있듯이 지옥 같은 사랑의 고통과 이와는 달리 천당 같은 기쁨을 안겨주기도 하고 체험하게도 한다. 이는 사랑이 상반의 균형을 통한 부단한 합일에의 지향성을 본질적으로 지니고 있기 때문으로 볼 수 있게 하는 것이 된다.

사랑함으로써 하나로 결합되었다가 다시 둘로 헤어지는 이별이 그러하고, 이별이 주는 고통과 함께 그리움에 가슴 저미게 하는 것이 또한 그러하다.

더 본질적으로는 아가페와 에로스를 들 수도 있다. 언제나 사랑에 결핍을 느끼는 아가페와 항시 풍족하여 주체할 줄 모르는 에로스의 양면성을 지닌 포러스와 페니아적 사랑이 또한 그러하기 때문이다. 이러한 사랑의 신화적 양면성 보다 보다 실존적 삶을 통한 인간이 체험하는 사랑의 양태도 얼마든지 모순과 해결이라는 사랑의 변증법을 체험할 수 있게 한다.

사랑하면서도 사랑해서는 안되는 사랑, 서로 사랑하면서도 이루어질 수 없는 사랑이 그러하고 사랑하기 때문에 스스로를 희생하는 베르테르적 사랑이 또한 그러하다.

그렇다. 사랑은 분명히 모순도 있고 그 모순을 해결할 수 있는 묘약도 함께 지니고 있다. 이 양면성이 사랑으로서 사랑의 욕구를 부단히 성취하려하고, 실현하려고 하는 본능적 정신지향이 다름 아닌 합일지향이다. 그리고 사랑이 남녀라는 이성의 합일에 의해서, 영육이라는 양면성의 합일을 통한 승화에 의해서 완성에 이르기 때문이다.

임영옥 시인이 세 번째로 상재한 시집 『피가 도는 나무』 도 예외는 아닌 것 같다. 그것은 시편마다 드러내고 있는 사랑의 고뇌와 희열과 아픔과 기쁨 그리고 서로 합일되지 못한 채 충족시켜주지 못하는 사랑의 갈구와 결핍이라는 다양한 사랑의 모습을 드러내 보여주고 있기 때문이다. 그 때문에 시집 『피가 도는 나무』 에 들어있는 사랑의 양태는 다양하다. 그리고 합일되지 못한 다양한 사랑의 양태는 시를 제시, 구체화 했을 때 드러날 것으로 보여진다.

## 2. 모순과 합일 지향의 두 양태

임영옥 시인의 세 번째 시집이 되는 『피가 도는 나무』 에는 두 사랑의 양태가 제시되고 있다. 하나는 합일되지 않는 이분법적 모습이고, 다른 하나는 이를 부단히 결속시키고자 하는 합일지향의 일원론적 자세이다. 이 두 경우 전자는 대칭관계가 아니면 대립항의 경우로 제시되고 있어 불일치성 내지는 이분법적 비동일성을 드러내고 있다.

대칭관계는 '그대', '당신'으로 대표되고 있고 이는 예의 없이 화자인 '나'와 대립항을 이루고 있다. 이 경우 합일될 수 없는 경우와 이정(離情)의 경우가 동시적으로 제시되고 있는데 시를 제시했을 때 이해를 도울 것으로 본다.

그대 가슴은 사랑의 과녁
독묻은 화살 겨누고 있어요
당기면 명중

아파해도 피흘려도 몰라요
그리움 팽팽히 꼬아
활줄 삼은 일밖엔 죄가 없어요

헌데 어쩌죠
당신의 과녁이 되고 싶어요

당신의 화살에 꽂혀
흘린 피로 사랑 꽃피울 수 있다면
과녁으로 서 있고 싶어요

당겨주세요 아파도 울지 않을게요
피 흘려야 낫는 가슴앓이
당신에게 옮은 사랑앓이니까요

예시는 「과녁」의 전문이거니와 '그대'라고 하는 대칭대상의 가슴을 과녁으로 설정했다가 '당신의 과녁이 되고 싶다'고 1백 80도 반전시키고 있다. 그러면서 당신의 과녁을 명중시켜 사랑을 전달하기 보다는 스스로의 가슴이 과녁이 되어 '흘린 피로 사랑 꽃피울 수 있다면'하고 피 흘리기를 자청하고 있다. 이는 사랑을 소유한다거나, 정복하는 것이 아닌 스스로를 희생시켜 사랑이고 싶어하는 아가페적 사랑이기를 희망하는 것으로 읽어줄 수 있게 한다.

피차의 가슴이 과녁이 되어 피 흘리는 사랑, 그 피로 꽃피우고 싶은 사랑이야말로 정신적 사랑만이 흘릴 수 있는 사랑의 피요, 내연의 불꽃만이 피로 꽃 피울 수 있는 사랑이 되는 이치를 성립시킨다.

그리고 이는 두 사랑이 합일되지 못한 채 '그리움을 팽팽히 꼬아' 활줄을 삼고, 삼아 가슴까지 명중함으로써 사랑을 성취하고 싶은 합일지향의 사랑을 보여준 것으로 읽게 한다. 경우는 달라도 다음 예시는 앞의 예시와는 달리 격정을 조용히 내면으로 다스리고 꿈꾸는 사랑을 노래함으로써 역시 합일되지 않는 사랑을 말해줌과 동시에 사랑의 합일지향을 동시적으로 보여주고 있다.

그대 가슴은 고요한 호수
백조 한 마리 살고 있지요

바람 이는 날엔 이파리로 떠돌고
잠잠한 날엔 노래 부르지요

갈대밭 서걱이는 소리에도
그대인가 그대인가고 떨리는 가슴

돌이라도 던지는 날엔
흔들리는 물결로 출렁이지요

그대 가슴은 고요한 호수
당신의 호수에 사는
나는 당신의 백조이고 싶어요

시 「호수」 전문이다. 그대라는 사랑하는 이의 가슴을 '호수'로 설정해놓고 '당신의 호수에 사는 / 나는 당신의 백조이고 싶어요'라고 사랑의 동일성을 호소한다. 사랑하는 이의 가슴에 한 마리 백조로 둥지를 트는 일은 사랑의 합일지향을 말하면서 동시에 서로 헤어져 있음을 말해주는 것이 된다.

시행처럼 '갈대 밭 서걱이는 소리에도 / 그대인가 그대인가 고 떨리는 가슴'이 되는 한 마리 백조로서의 화자는 종연이 보여주듯이 '원앙의 꿈을 꾸고 사는' 백조이고 '사랑의 백조이고 싶어하는' 사랑의 갈구자다. 그러면서 '그대' 품에 안기고 싶다는 간절한 바람을 이번에는 반전시켜 사랑의 경우를 도착시킴으로써 역전을 꾀하고 있다.

갈래요
가서 그리운 님이 되고 싶어요

아픔으로 남기 보다
가서 사랑이 되고 싶어요

당신도
언제든 오세요
그리움으로 다리놓아 드릴께요

내일도 나는
당신을 맞는
기다림이 될래요

시 「되고 싶어요」 에서 볼 수 있듯이 '그대'의 품에서 돌아

서기를 결심한다. 왜 떠나고 싶어하는지는 2연 '아픔으로 남기보다 / 가서 사랑이 되고 싶어요'가 잘 말해주고 있다. 합일되지 못한 사랑의 고통, 시행에 의하면 어떤 반대력이 개입돼 있는 것으로 추측하게 하는데 그 때문 반대력에서 벗어남으로써 아픔이 아닌 기다림이라는 가슴의 사랑으로 대체함으로써 사랑의 평온을 얻고 싶어 하는 것으로 읽게 해 주고 있다.

그리움으로 다리 놓아 건너오기를 기다리는 기다림의 사랑, 그리하여 '내일도 / 나는 / 당신을 맞는 / 기다림이'되는 사랑의 간절함이 '오세요'라는 청유형의 호소력과 함께 불일치의 사랑을 더 극명히 보여주고 있다.

예시들이 예외없이 사랑의 불일치, 대칭 대상, 이분법적으로 사랑의 거리를 설정하고 있다면 아와는 달리 다음 시들은 사랑의 합일, 동일성, 거리의 축소를 통해 하나가 되는 사랑의 합일지향을 보여준다 하겠다.

하얀 저 꽃잎
당신의 가슴에 꽂아 드리면
피가 돌까요

피가 돌아 빨갛게 물들 수 있을까요
내 가슴에도 꽂아 주세요

피가 도는 가슴의 사랑이 되어
당신밖에 모르는
당신의 꽃으로 피어 있고 싶어요

하얀 저 꽃잎
당신과 나 마주서면
감춘 속살에도 꽃잎이 돋아요

돋아나 꽃으로는 물들일 수 없는
사랑의 꽃물이 들어요

꽃물이 들어 당신밖에 모르는
당신의 꽃으로 피어 있고 싶어요

예시는 「당신의 꽃」 전문이거니와 사랑의 대칭구조가 즉자적 사랑의 독단자적 호소력에 의존했다면 예시에서는 '하얀 저 꽃잎 /당신과 나 마주서면'이라는 대자적 관계로 즉자적 거리를 대자적 거리로 축소하거나 합일시켜주고 있다.

당신의 가슴에 꽂아 피가 돌게 하고 이를 다시 화자 자신의 가슴에 꽂아 피가 도는 당신의 꽃으로 피어있고 싶어하는 앞의 예시 「과녁」 과는 달리 피차가 흘린 피가 아닌, 피와 피로 피는 사랑의 꽃으로 피어있고 싶어 함으로써 동일성이랄까, 합치로 이어지는 통로를 꽃으로 장식하고 있다.

꽃은 다시 영원히 소멸하지 않는 별로 그 생명력을 승화, 영속화시키고자 한다.

언제나 슬프기만 한 가슴

밤마다 떨어지는 별똥으로

가슴에 와 박히는

유성은

바로 당신

시「밤은·2」의 전문이다. 불과 5행밖에 되지 않는 시이지만 시사하는 바는 그 어느 시편 보다 더 강도와 밀도의 깊이를 더하고 있다. '가슴에 와 박히는/유성은/바로 당신'이라는 최소한의 언어를 투자한 언어경영이지만 설득력의 마진은 매우 크다. 그것은 서로 대칭관계의 피투된 채 내어던져야 했던 사랑의 대상들이 가슴에 별로 박혀 빛과 함께 밤을 밝히는 구원의 빛으로 자리하기 때문이다.

여기에서 끝나지 않고 다음 예시에서는 유성이 아닌 살아있는 그대와 나의 두 별로 구체화한다.

아픔과 마주 하지 않기를
다음 세상에서는

눈물로 가슴 적시지 않기를
다음 세상에서는

잠못 이루며 불면으로 지세우지 않기를
다음 세상에서는

다음 세상에서는
그대 가슴에

내 가슴에
그대와 나 두 별이길

시 「다음 세상에서는」 전문에서 볼 수 있는 이 사랑의 불일치가 체험해야 했던 '아픔과 마주 않기를', '눈물로 가슴 적시지 않기를', '잠못 이루며 불면으로 지새우지 않기를' 소망하는 사랑의 간격이랄까 틈새를 '다음 세상에서는 / 그대 가슴에 / 내 가슴에 // 내 가슴에 // 그대와 나 두 별'이기를 염원함으로써 비로소 '그대 가슴'과 '내 가슴'이라는 즉자관계가 파놓은 사랑의 간격을 합일시키고자 한다.

서로 별이 되어 아픈 사랑의 상처와 어둠을 밝혀 다른 시 「바다의 연가」 에서 '한 쌍의 갈매기처럼 해풍에 몸을 싣고 / 뱃길 어두워지면 등대가 되어'주기를 소망한다. 그러면서 '당신과 함께 할 우리의 바다'라고 서로 달리 했던 사랑의 공간을 합일시킨다.

공간의 일원화로서의 사랑의 합치, 합치된 바다로서의 고해를 별로 등대 삼아 헤쳐 가고자 하는 사랑의 합일지향에서 우리는 사랑을 실현해가는 아름다운 연가를 벗하게 된다.

## 3. 결어

주마간산격으로 일별해 본 임영옥 시인의 세 번째 시집 『피가 도는 나무』 의 세계는 이러하거니와 사랑의 이분법적 모순을 사랑으로써 합일시켜 가는 연가의 육성이 가슴에 와 닿는 설득력으로 작용하게 함을 체험하게 한다. 축하를 보낸다.

•

**임영옥** 시인은 경기도 출신으로 간호대학을 졸업했고 전국 청소년 성교육 강사를 역임했다. 『조선문학』 신인작품에 시가 당선되어 문단에 데뷔했으며, 여성 백일장 시, 수필부문 수상, 제27회 동백문학상 수상, 한국연예예술인협회 작사가, 한국문인협회 회원, 조선시문학회 회원으로 활동하고 있다. 시집에 『가을 안개길에』, 『하늘 눈빛』, 『피가 도는 나무』 등이 있다.

•


**피가 도는 나무**

조선문학시인선 • 262
2009년 9월 15일 인쇄
2009년 9월 20일 발행
지은이 / 임영옥
발행인 / 박진환
펴낸곳 / 조선문학사
등록번호 / 1-2733
주소 • 110-092 서울 서대문구 홍제2동 96-4
대표전화 / 730-2255
팩스 / 723-9373

ISBN 89-93614-15-2

정가 8,000원